Écrit par Natacha Godeau.
Illustrations : Isabelle Mandrou et Fanny Ruelle (couverture et pages 17, 21, 23, 29, 35, 42, 46, 51, 54-55, 58, 62, 67, 69, 70, 76, 81, 83, 87 et 91).
Conception graphique du roman : Audrey Thierry.
Mise en pages : Claire Kocik.

Hachette Livre, 58, rue Jean-Bleuzen, 92178 Vanves Cedex.

Mes Amis les CHEVAUX

Sophie Thalmann

Au feu !

Féline

Avec sa robe baie aux reflets dorés, cette jument lusitanienne a une apparence féline… D'où son nom ! Têtue, battante et fière, elle ne se laisse pas faire et obtient toujours ce qu'elle veut. Et même si elle a tendance à être très capricieuse, Andalou et Zéphyr ne sont pas insensibles à son charme !

Moustique
Mais quelle mouche a bien pu piquer cet adorable shetland ? Très ambitieux, il déteste qu'on ne le prenne pas au sérieux et il est incapable de tenir en place. Andalou l'a même surnommé « mini-Zéphyr », tant il aime parader !

Mes Amis les CHEVAUX

Au feu !

Sophie Thalmann

Hachette JEUNESSE

Zéphyr

Ce pur-sang arabe à la robe « alezan brûlé » est le plus rapide du haras… et il adore s'en vanter ! Sûr de lui, il agace parfois les autres chevaux. Andalou est son principal rival, mais Zéphyr ne s'inquiète pas une seconde : c'est lui le meilleur, et il va le lui prouver !

Andalou

Andalou est le cheval préféré des enfants et de ses compagnons. Il est aimé et respecté parce qu'il est réfléchi et très courageux. Pas étonnant que Moustique rêve de lui ressembler ! Il aime passer du temps avec Féline et est en compétition avec Zéphyr.

Percheron

Percheron est un cheval de trait. En plus de son travail à la ferme, il adore faire de longues promenades en charrette avec les visiteurs. Bien que très impressionnant, il est doux et amical. C'est le cheval le plus sage, et surtout le plus gentil !

Lulu

La plus vieille jument du haras est une sorte de « cheval de secours » ! Sage et bienveillante, elle aime aussi taquiner les jeunes chevaux, surtout Zéphyr et Féline... Quant à Moustique, c'est son chouchou. D'ailleurs, c'est comme ça qu'elle le surnomme !

Sophie
Elle est toujours là pour s'occuper de ses chevaux et du haras. C'est une cavalière très douée, passionnée, et qui adore monter Féline, sa jument préférée. Lorsqu'elle ne s'occupe pas de ses animaux, elle donne des cours d'équitation aux enfants.

Prologue

Quelle magnifique journée d'été ! Les chevaux du centre équestre sont dans l'enclos de repos. Paresseusement couchés dans l'herbe, ils se chauffent le dos au soleil.

– Quelle canicule ! soupire Moustique. Moi, je préfère l'hiver !

– Non, pas moi, souffle Féline. Mais je déteste transpirer…

Lulu hennit de rire.

– Le petit chou a trop chaud, avec son épaisse crinière qui lui tombe sur les yeux !

– Je ne suis pas un petit chou mais j'ai trop chaud, ça, c'est vrai, riposte le poney.

Agacé, Andalou frappe du sabot par terre.

– Cessez donc un peu de vous plaindre ! ronchonne-t-il.

– Profitez plutôt du beau temps pour croquer quelques fleurs, renchérit Percheron.

– Bonne idée, approuve Zéphyr. En hiver, on n'a que du foin tout sec à se mettre sous la dent. L'herbe fraîche, c'est quand même meilleur !

Féline s'ébroue, l'air moqueur.

– Ton herbe fraîche, elle est rabougrie à cause des rayons brûlants du soleil, remarque-t-elle, ironique.

Soudain, Moustique pointe les oreilles, en alerte. Il hume l'air ambiant. Ses naseaux frémissent.

– Ça sent le brûlé, bredouille-t-il avec inquiétude.

Il tourne la tête vers le ciel et aperçoit une colonne de

fumée qui s'élève de la forêt voisine.

– Il y a un feu dans les bois ! ajoute-t-il d'une petite voix.

– Un feu ? répète Féline, apeurée. Tu veux dire : un incendie, avec des flammes et tout ? Pitié, j'ai horreur de ça !

L'incendie

Une sirène retentit dans le lointain. Intrigués, les chevaux se pressent à la barrière de l'enclos. D'ici, ils voient la route, de l'autre côté de la cour pavée du haras.

– Vous entendez ? souffle Lulu. Le bruit approche…

Et soudain, un groupe de véhicules rouges surmontés de gyrophares bleus passent en trombe et sirènes hurlantes devant la grille.

– Les pompiers ! s'exclame Moustique.

– Ils foncent en direction de la forêt, constate Percheron. Nous avions raison. Il y a vraiment le feu.

– Vous avez vu comme ils sont nombreux ? Ce doit être un énorme incendie, bredouille Féline, visiblement terrorisée.

Lulu acquiesce.

– Oui, les flammes ont peut-être déjà tout ravagé...

– Ou alors ce feu est minuscule, en réalité ! souligne Andalou. Pourquoi toujours envisager le pire ?

À ces mots, trois gros Canadair traversent le ciel, juste

au-dessus de l'enclos. Ils volent très bas. Moustique hennit, surpris.

– Hiiiiii ! Qu'est-ce que c'est que ces avions bizarres ?!

– Des bombardiers d'eau, explique Zéphyr. Ils font le plein en survolant un lac en rase-mottes. Puis ils lâchent leur cargaison sur les flammes.

– Donc, il s'agit bien d'un très grave incendie, en conclut Féline avec une inquiétude grandissante.

Cette fois, Andalou ne réplique rien. La

jolie jument ne se trompe pas, hélas !

– Vous croyez que le centre équestre est en danger ? demande-t-elle en tremblant.

Zéphyr lui adresse un clin d'œil.

– Ne t'inquiète pas, je te protègerai ! promet-il.

Féline bat des cils. Comme d'habitude, elle minaude avec coquetterie devant son ami.

– N'importe quoi ! rouspète aussitôt Andalou, toujours un peu jaloux du pur-sang.

– Non, pas n'importe quoi ! proteste ce dernier, vexé. Je m'y connais, en feu de forêt. Je suis même un véritable expert ! Je suis secouriste professionnel, j'ai suivi une formation d'assistant des pompiers, autrefois. Marcher au milieu des flammes, cela ne me fait pas peur.

Lulu est impressionnée.

– Décidément, Zéphyr, tu as tous les talents !

– Je n'ai pas peur non plus, s'empresse de préciser fièrement Percheron. Dans ma prime jeunesse, à la campagne, lorsque les pompiers utilisaient parfois des charrettes pour transporter de l'eau, j'ai servi dans leurs attelages. Regardez !

Il tend la jambe avant droite devant lui. Stupéfaits, ses amis aperçoivent les restes d'une longue balafre, autour de son canon. Il continue :

– J'ai été blessé au cours d'une mission particulièrement périlleuse. Heureusement, j'ai vite guéri.

Moustique écarquille les yeux.

– Tu es un héros ! s'exclame-t-il, admiratif. Je n'avais jamais remarqué ta cicatrice...

– Percheron a un caractère plutôt secret, renchérit Lulu. Mais ce n'est pas grave : le mystère lui va très bien, je trouve !

Le cheval de trait redresse le nez avec fierté. En règle générale, il n'aime pas trop parler de lui. Mais finalement, il n'est pas mécontent que ses compagnons d'écurie découvrent une part de son mystérieux passé !

Tout à coup, un vacarme épouvantable retentit

au cœur de la forêt. Les chevaux scrutent la cime des arbres, à l'horizon. Et voici que le plus grand sapin s'écroule dans un nuage de fumée ! Il s'effondre sur lui-même dans un craquement de bois déchirant, son tronc épais rongé par les flammes. Une nuée d'oiseaux chassés de leur nid s'enfuit de ses branches en poussant des piaillements paniqués.

– Le feu gagne du terrain par ici, déplore Andalou.

– J'espère que le haras ne brûlera pas, murmure Lulu.

– Voici Sophie et Victor ! annonce à cet instant Percheron. Ils arrivent en courant, il y a urgence. S'ils nous obligent à évacuer les lieux, vous pouvez être certains que l'incendie nous menace !

Les chevaux se taisent et tendent l'oreille, impatients de comprendre ce que la directrice du centre équestre et le palefrenier en chef viennent faire à l'enclos.

– Tu as les licols, Victor ? l'interroge Sophie.

Le palefrenier sort deux longes en cuir de sa sacoche. Au signal de la cavalière, il les passe autour de la tête de Zéphyr et de Percheron.

– Une chance que ces deux-là aient déjà combattu des feux de forêt ! s'exclame alors Sophie. Les pompiers ont besoin de renforts, dépêchons-nous !

Les renforts

Zéphyr et Percheron piaffent dans l'herbe avec impatience. Ils ont hâte de participer aux opérations de secours !

– J'espère que les chevaux ne se feront pas de brûlures,

murmure Victor en serrant la sangle des licols.

Sophie hoche la tête.

– Les pompiers ont promis de leur protéger la peau à l'aide d'un produit spécial, dit-elle d'un ton rassurant. Mais on pourrait aussi leur poser des couvertures antifeu sur le dos…

– Bonne idée, approuve Victor. Il y en a quelques-unes en réserve, dans la remise. J'irai les chercher au passage avant de conduire les chevaux en forêt.

Moustique, très intéressé par les préparatifs, observe Zéphyr et Percheron d'un œil curieux.

– Vous n'avez toujours pas peur ? questionne-t-il ses amis.

– Bien sûr que non ! rétorque Zéphyr.

En vérité, le fanfaron s'inquiète quand même un peu. Mais jamais il ne l'avouera !

– Je ne comprends pas pourquoi les pompiers ont besoin de vous, remarque alors Féline. Ils ont assez de véhicules comme ça !

– Sauf que le sentier est impraticable pour des voitures, dans les sous-bois, souligne Percheron. Le terrain est trop accidenté. Alors que nous, au moins, nous pouvons avancer partout sans problème et nous faufiler au plus près de l'incendie !

– Nous allons transporter des pompiers, qui pourront

ainsi couper les broussailles afin d'empêcher les flammes de se propager, continue Zéphyr. Nous pourrons également apporter plus de seaux d'eau !

– En plus, les pompiers les rempliront directement au lac, ou à la rivière, devine Moustique. C'est très malin !

Évidemment, ni Sophie ni Victor ne comprennent ce que se disent les chevaux. Ils n'entendent que des hennissements.

Le palefrenier s'écrie :

– Quel boucan ! Les chevaux doivent sentir le danger, ça les rend nerveux !

– Je ne les trouve pas nerveux, remarque alors Sophie. Moi, j'ai plutôt l'impression qu'ils sont heureux de participer à la mission de secours…

– Peut-être, admet Victor. Mais deux chevaux, pour aider les pompiers, ce n'est pas beaucoup… Et Féline ? Et Andalou ?

À ces mots, la jolie jument souffle fort

des naseaux. Elle est très contrariée !

– Je ne sais pas si je suis capable de combattre le feu, moi ! ronchonne-t-elle.

– Mais c'est vrai, deux chevaux, ce n'est pas beaucoup, enchaîne Andalou.

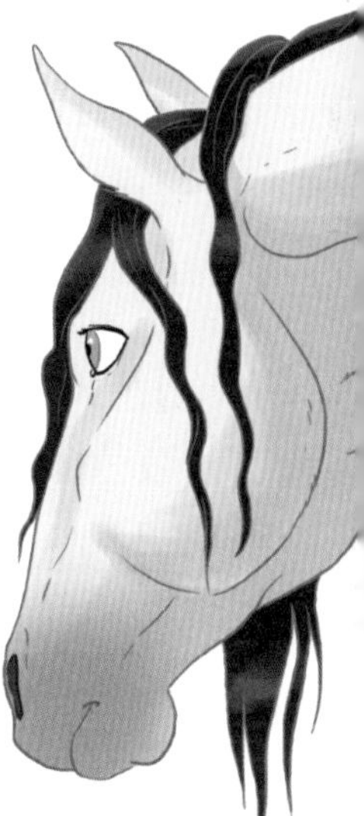

Et sans hésiter, il happe la visière de la casquette de Sophie du bout des lèvres.

– Arrête ! conseille Lulu. Ce n'est pas le moment de jouer... Qu'est-ce que tu fais ?

– Je me porte volontaire pour aller aider à éteindre ce fichu incendie ! répond l'étalon avec détermination.

Sophie a un lien spécial avec ses chevaux. Elle devine toujours ce qu'ils ressentent et ce qu'ils souhaitent.

– Regarde : Andalou se propose comme renfort ! lance-t-elle à Victor. On va le préparer aussi, d'accord ?

Le palefrenier a toute confiance en l'instinct de son amie. Il hoche la tête et sort un troisième licol de sa sacoche. Andalou piétine de joie.

– Super ! Moi aussi, je veux participer ! s'exclame alors Moustique.

Moqueur, Zéphyr fronce le nez.

– Mais tu es un poney, le taquine-t-il. Un minuscule poney de rien du tout !

– Pas de rien du tout, justement ! proteste immédiatement Moustique. Je ne suis sans doute pas aussi fort qu'un cheval de trait, ni aussi agile et rapide qu'un pur-sang ou qu'un étalon. Mais je possède de grandes qualités !

Sur ce, il arrache carrément la casquette de Sophie d'un coup de dents avant d'ajouter :

– Je suis très endurant ! Et puis, au cirque, j'exécutais des acrobaties tandis que les clowns jonglaient avec des anneaux enflammés à côté de moi. Cela ne m'impressionnait pas du

tout. Sophie le sait très bien !

Et, comme à l'époque du spectacle de cirque, il se met à trotter autour de la cavalière en secouant la crinière de manière comique.

– Tu es trop mignon ! s'esclaffe alors celle-ci avec attendrissement. Donc, tu as réellement envie d'accompagner tes amis dans la forêt ? Bravo, je te félicite pour ton courage !

À chacun son rôle

Andalou, Zéphyr, Moustique et Percheron suivent Victor et Sophie qui les guident par la bride. Ils quittent l'enclos et s'engagent dans la cour pavée, en direction de l'écurie. Une fois sellés, ils rejoindront la grille principale pour emprunter la route qui mène à la forêt. Restées dans l'enclos, les deux juments du centre équestre les regardent s'éloigner.

– Nom d'une marguerite, ils sont courageux ! dit Lulu.

– Ils n'ont pas hésité à se porter volontaires, acquiesce Féline. Même notre petit Moustique !

Elle baisse brusquement la tête, renifle fort, l'air embarrassé. Son amie s'étonne :

– Eh bien, que se passe-t-il, Féline ?

– J'ai… honte, avoue-t-elle alors en balbutiant. Je n'ai pas osé me faire remarquer de

Sophie et de Victor pour qu'ils m'emmènent avec eux, moi aussi. Je préférais attendre ici, en sécurité. Mais maintenant, j'ai changé d'avis !

Elle pose les pieds avant sur la barrière de l'enclos. Puis elle se redresse en tendant le cou et se met à hennir de toutes ses forces. Lulu sursaute.

– Arrête, tu fais plus de bruit que la sirène des pompiers ! gémit-elle.

– C'est exprès, je veux que Sophie m'entende ! réplique son amie.

Enfin, Sophie s'immobilise à la porte de l'écurie, au bout de la cour pavée. Elle se retourne, intriguée, vers l'enclos de repos.

– Féline ? s'exclame-t-elle en apercevant la jolie jument debout, les sabots antérieurs posés contre une planche de la clôture. Que t'arrive-t-il ?

Elle lance alors à Victor :

– Commence à harnacher les chevaux, je reviens !

Et, traversant la cour au pas de course, elle se précipite à l'enclos. Dès qu'elle ouvre la barrière pour entrer, Féline sort d'un pas ferme. Elle hennit à nouveau, s'ébroue en secouant la crinière, piaffe dans l'herbe et fixe l'écurie avec obstination. Sophie ne tarde pas à comprendre :

– Oh, tu veux nous accompagner en forêt pour éteindre l'incendie, toi aussi ? Super, suis-moi, on va se préparer avec les autres dans l'écurie !

Ravie, Féline trottine fièrement derrière Sophie. À cet instant, Lulu décide également de participer. Elle se met donc à hennir exactement comme Féline, et Sophie s'empresse d'aller la chercher à son tour dans l'enclos.

Peu après, Sophie, Victor et les chevaux rejoignent les pompiers à l'orée de la forêt. Le capitaine de brigade les accueille avec reconnaissance.

– Merci, mes amis ! Votre aide nous sera précieuse !

Moustique pirouette, enchanté de participer à une mission aussi importante.

– Percheron aurait pu tirer une charrette pleine de seaux d'eau, mais j'ai pensé que cela nous gênerait, s'il fallait nous frayer un chemin dans le sous-bois, explique Victor.

– Vous avez eu parfaitement raison, approuve le capitaine des pompiers. Nous devons accéder au lieu du départ de feu. Il est hélas inaccessible en voiture. Mais, par chance, vos chevaux pourront y conduire certains d'entre nous avec le matériel nécessaire.

– Percheron est costaud, souligne Sophie. Il pourra se charger de quelques seaux d'eau. Seulement, cela ne suffira pas à étouffer les flammes...

Le capitaine soupire.

– Je le sais bien, ce serait trop simple ! regrette-t-il. Il faut utiliser la lance à incendie du camion. Vous croyez que l'un de vos chevaux pourrait la dérouler à travers les sous-bois ?

Victor interroge Sophie du regard avant de confier :

– Nous avons réfléchi à tout cela sur la route. Avec Sophie, nous estimons que cette tâche serait parfaite pour Lulu. La jument a insisté pour nous accompagner. Mais elle a trop de rhumatismes pour supporter le poids d'un cavalier et du

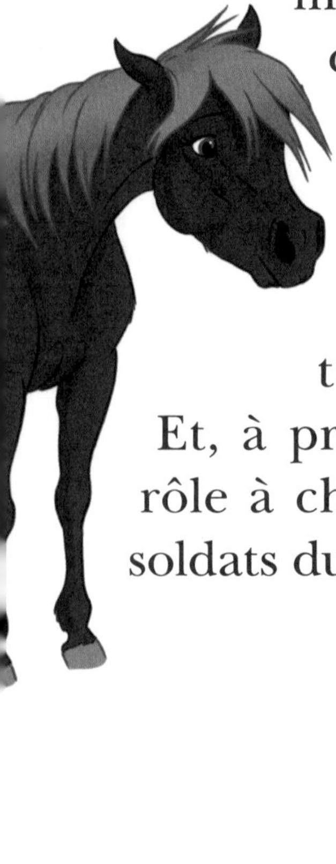

matériel dans de telles conditions. La lance vide sera toujours moins lourde.

– Excellent ! approuve le capitaine des pompiers. Et, à présent, assignons un rôle à chacun de nos braves soldats du feu à sabots !

En route

Le capitaine des pompiers possède un caractère très résolu. Il a déjà prévu tout son plan d'action.

– L'incendie a été provoqué par des promeneurs qui ont

mal éteint leur feu de camp, explique-t-il. Avec la canicule, les flammes se propagent à toute vitesse aux alentours. Actuellement, elles dévorent le secteur de la Clairière aux Mille Fleurs.

À ces mots, Moustique tressaute. La Clairière aux Mille Fleurs ? Il adore cet endroit !

– Il faut sauver la forêt ! hennit-il.

– Du calme, on est là pour ça, justement, intervient Andalou. Mais tais-toi et écoute les explications du capitaine, s'il te plaît !

Celui-ci poursuit :

– Pour éviter que l'incendie ne gagne plus de terrain, nous devons bien sûr arroser la végétation, mais aussi couper quelques buissons. L'ennui, c'est que nous ne pouvons pas approcher avec notre matériel. Par chance, nous pouvons maintenant compter sur l'aide des chevaux du centre équestre !

Sophie et Victor sourient fièrement.

– Voici donc quel est mon plan, reprend le capitaine des pompiers. Zéphyr et Andalou conduiront les sauveteurs sur place tandis que Lulu et Percheron transporteront l'eau, comme prévu.

– Parfait, approuve Victor. Et, si vous le permettez, je participerai aux opérations avec vous.

– Oui, moi aussi ! renchérit Sophie.

Ravi, le capitaine s'empresse d'acquiescer.

– Merci, mes amis. Plus on sera nombreux, mieux ce sera.

– Et Féline et Moustique ? s'exclame soudain Victor.

– Ils pourraient se charger du transport des outils, suggère Sophie. Comme ça, les pompiers seraient moins lourds et pourraient monter deux par deux sur le dos de Zéphyr et sur le dos d'Andalou.

Le capitaine accepte sans hésiter. Puis tout le monde se

met au travail sans tarder. Zéphyr et Andalou s'occupent de leurs premiers cavaliers. Les chevaux avancent avec prudence sur le sentier accidenté des sous-bois. Avec d'infinies

précautions, ils se fraient un chemin parmi les feuilles qui jonchent le sol, en prenant bien garde à ne pas trébucher dans les racines aériennes. Derrière eux, Lulu transporte la lance à incendie dont l'une des extrémités est reliée à la citerne du camion de pompier, tandis que Percheron progresse à tout petits pas afin d'éviter de renverser les seaux d'eau accrochés de part et d'autre de sa selle. Féline et Moustique les regardent s'éloigner sans oser les suivre…

– Et nous, on ne va pas à la Clairière aux Mille Fleurs ? interroge soudain le poney.

– Si, nous devons leur apporter le matériel pour débroussailler, répond son amie. Mais je n'en ai pas très envie. Il y a plein de fumée, dans cette direction…

– C'est justement pour ça que les pompiers comptent sur nous ! s'exclame Moustique. Pour combattre le feu, il faut s'en approcher !

Faisant contre mauvaise fortune bon cœur, Féline s'ébroue avant de se mettre en route. En arrivant finalement à la clairière, elle marche dans les empreintes de Moustique en évitant de regarder les flammes qui crépitent autour des troncs d'arbres, lorsqu'un Canadair les arrose au passage !

– Hiiiiii ! hurle la jolie jument, surprise. Cette eau est glacée !

– Au moins, elle nous protégera un peu de cette fichue

chaleur, riposte le poney. J'espère même que les pilotes auront la bonne idée de recommencer !

Et, levant la tête, le malicieux continue d'avancer en prenant soin de rester dans la trajectoire des Canadairs…

Un sauvetage imprévu

Il règne une chaleur étouffante aux abords de la Clairière aux Mille Fleurs. Les fourrés qui l'entourent sont en flammes. Les pompiers tâchent d'empêcher le feu de s'étendre au reste de la forêt en arrachant les buissons qui menacent de brûler. Zéphyr et Andalou font la navette entre les camions et la clairière afin de transporter les pompiers. Percheron, quant à lui, apporte sans cesse de

nouveaux seaux d'eau, tandis que Lulu aide à diriger la lance à incendie avec précision. Maintenant que Féline et Moustique ont livré les haches, les pelles et tous les outils nécessaires, ils contemplent, admiratifs, l'agitation des sauveteurs... Quelle effervescence dans les sous-bois !

Soudain, un groupe de petits sapins s'écroulent derrière eux dans une gerbe d'étincelles...

– Hiiii ! hennit Féline en sursautant.

Elle se cabre malgré elle. En reposant les sabots par terre, elle évite de justesse d'écraser une petite femelle écureuil qui vient de surgir de sous un bosquet voisin.

– Hiiii ! hennit de nouveau la jument, plus angoissée que jamais.

– Du calme ! s'écrie Moustique. Ce n'est qu'une minuscule femelle écureuil !

– Je sais, riposte Féline, vexée. Mais elle m'a surprise. Et puis, tu as vu comme elle s'agite ?

En effet, l'écureuil semble très nerveuse. Elle sautille sur place, couine, galope en cercles, claque des dents, fonce sous les broussailles, revient dare-dare… Intrigué, le poney réfléchit.

– On dirait qu'elle essaie de nous faire comprendre quelque chose, murmure-t-il.

– Il y a le feu, oui, c'est bon, on est au courant ! rouspète Féline.

Moustique secoue la crinière.

– Non, regarde, elle veut attirer notre attention… devine-t-il alors.

Il se penche vers la petite écureuil qui file encore une fois sous un fourré en poussant des couinements suraigus. Il scrute les broussailles et s'exclame :

– Oh !

Féline trépigne de curiosité.

– De quoi ? Qu'y a-t-il ? Que vois-tu ?

– Un bébé écureuil ! répond le poney avec attendrissement. Il est si minuscule, si fragile !

Il est allongé par terre, les yeux fermés, et sa fourrure est toute fine.

– Pauvre petit trésor ! lance la jolie jument en s'approchant à son tour pour regarder. Il n'a même pas un mois !

Moustique désigne un charme dont le tronc et les branches finissent de brûler, à quelques mètres de là.

– L'incendie a détruit le nid de la famille écureuil, conclut-il.

La femelle a pu transporter son petit à l'abri sous ces fourrés, mais il n'est pas assez en sécurité, ici… Nous devons l'aider !

– Tu as raison, approuve Féline d'un ton déterminé.

Et, combattant sa terreur du feu, elle avance de quelques pas vers l'arbre en flammes afin de sauver le jeune écureuil en détresse. Sans hésiter, elle le ramasse du bout de ses lèvres épaisses. Elle tremble, redoute de le blesser. Mais heureusement, elle parvient à ne pas desserrer les dents et tout se passe bien. Elle lève alors la tête, aperçoit un bosquet de sapins, suffisamment éloigné de l'incendie, puis elle dépose délicatement le bébé écureuil sur une branche située à mi-hauteur, en totale sécurité. Moustique est bluffé.

– Bravo, Féline, quel sang-froid ! la félicite-t-il.

Le sauvetage est réussi, cependant, la jument écarte les naseaux avec contrariété.

– Qu'est-ce que tu as ? s'étonne le jeune poney. Tu es mécontente ?

– Je ne comprends pas pourquoi la maman écureuil ne rejoint pas son petit ! réplique la jument. J'espère que l'endroit où je l'ai posé lui plaît…

– Mais bien sûr que oui ! affirme Moustique. Il est sain et sauf, elle est forcément soulagée !

Il n'ose pas dire à son amie que, lui aussi, il trouve cela bizarre… Il observe donc la petite femelle écureuil du coin de l'œil, quand celle-ci leur montre brusquement deux autres petits à sauver, cachés par terre sous des feuilles !

Une récompense bien méritée

Moustique n'en revient pas.

– Regarde, Féline ! s'écrie-t-il.

La jument pivote et aperçoit les deux bébés écureuils, étendus sous le buisson. Leur mère bondit nerveusement auprès d'eux en claquant des dents.

Puis elle galope vers le sapin où se trouve déjà le premier petit sauvé par Féline, avant de revenir sous le buisson en courant. Elle fait ainsi d'incessants allers et retours afin de bien faire comprendre aux chevaux ce qu'elle attend d'eux…

– Oh, non ! soupire la jument. J'ai eu très peur de blesser le premier bébé en le transportant sur la branche. Je n'ai pas du tout envie de recommencer ça deux fois !

Moustique pirouette.

– Ne t'inquiète pas, dit-il. Tu n'auras besoin de recommencer qu'une seule fois. Je m'occuperai du deuxième bébé !

– J'ignore si c'est raisonnable, hésite maintenant Féline. Moi, je sais le faire. Mais tu ne t'es pas entraîné et…

– Et tu ne t'étais pas entraînée non plus avant d'essayer ! remarque le poney avec un air buté.

À ces mots, il penche la tête vers l'un des deux petits écureuils afin de le ramasser du bout des lèvres. Il imite à la perfection la technique de Féline.

Prenant bien garde à ne pas desserrer les dents, il ferme fort la bouche et trotte en direction du sapin, le bébé bien calé entre ses lèvres épaisses. Parvenu au pied de l'arbre, il se dresse debout sur ses jambes arrière, appuie ses sabots avant contre le tronc. Et, tendant bien le cou,

il dépose le frêle écureuil sur la branche, à côté du premier petit rescapé. Sa mission achevée, Moustique repose les pieds par terre, puis il se retourne vers Féline et s'exclame fièrement :

– Et voilà ! J'ai réussi !

Un peu jalouse, la jolie jument lève les yeux au ciel.

– Tu manques vraiment de style, Moustique ! critique-t-elle, de mauvaise foi. Laisse-moi te montrer !

Un peu plus tard, toute la petite famille écureuil est réunie, en sécurité, sur la branche basse du sapin. Non loin de là, aux abords de la Clairière aux Mille Fleurs, le feu a enfin cessé. Ravi, le capitaine des pompiers saisit un porte-voix.

– L'incendie est terminé ! annonce-t-il joyeusement à la cantonade. Tout danger est écarté. Bravo à vous tous, et merci !

Les membres de la brigade applaudissent. Ils poussent des acclamations, rient, oublient leur fatigue… Quel bonheur d'avoir pu sauver la forêt ! Sophie et Victor lâchent les derniers seaux qu'ils s'apprêtaient à vider dans les fourrés et se sautent au cou, fous de joie.

– On a gagné ! Hourra ! hurlent-ils, soulagés.

– Sans votre participation, nous n'aurions peut-être pas éteint le feu aussi vite, note alors le capitaine des pompiers en s'approchant. Vous avez été très braves, très efficaces.

– Merci, capitaine ! répond Sophie, ravie. Mais n'oublions pas les chevaux. Ils ont fourni un excellent travail !

Debout à côté d'elle, Percheron, Lulu, Andalou et

Zéphyr pointent les oreilles avec fierté. Puis ils remarquent soudain Moustique et Féline, à l'autre bout de la clairière. Ils les rejoignent en trottinant avec un air de triomphe.

– Mission accomplie, les amis, on a fait des merveilles ! se vante Zéphyr.

– Nous aussi, on a fait des merveilles ! s'empresse de répliquer le poney, agacé.

Lulu fronce le nez avec une moue dubitative.

– Qu'avez-vous donc fait de si extraordinaire ? questionne-t-elle aussitôt. Vous n'avez pas combattu les flammes avec nous, que je sache…

– Nous avons quand même sauvé toute une famille en détresse ! s'exclame alors Féline.

À ces mots, Moustique galope jusqu'au bosquet de sapins et se met à dodeliner de la tête afin de désigner la branche basse où somnolent encore les petits écureuils. Leur mère, reconnaissante, bondit alors sur le dos du gentil poney et lui ébouriffe la crinière avec affection.

Zéphyr, Lulu, Percheron et Andalou les contemplent, stupéfaits, en roulant des yeux comme des soucoupes. Ainsi, ils ont tous agi comme des héros, aujourd'hui : c'est fantastique !

Le lendemain matin, les chevaux se prélassent dans leurs stalles respectives lorsqu'une camionnette rouge entre rapidement dans la cour pavée. Elle se gare devant l'écurie.

– Tu vois qui vient d'arriver, Percheron ? interroge Moustique, fou de curiosité.

Il envie beaucoup le cheval de trait, car sa stalle est la seule à avoir une fenêtre qui donne sur la cour du haras.

– C'est le capitaine des pompiers, répond Percheron quand l'officier sort de son véhicule.

Aussitôt, Féline panique.

– Oh, non ! Il y a encore le feu et il a besoin de notre aide ! s'écrie-t-elle.

– Ça m'étonnerait, souffle Percheron. Il est calme et souriant. Je suis sûr que tout va bien.

– Mais que veut-il, alors ? interroge Andalou.

Le cheval de trait pousse un hennissement amusé.

– Ne vous inquiétez pas, on ne va pas tarder à le découvrir. Il vient justement par ici avec Sophie et Victor…

Une fois dans l'écurie, le capitaine des pompiers demande à Sophie et à Victor s'il est possible d'ouvrir la porte de chaque box.

– Bien sûr, accepte la cavalière. Les chevaux ont l'habitude de rester dans leur stalle avec la porte ouverte.

Sans attendre, Victor et Sophie ouvrent les portes des box.

– Tout cela est bien mystérieux, murmure Lulu, intriguée.

Ses amis n'ont pas le temps de répliquer. Le capitaine s'exclame :

– J'ai l'honneur de venir ce matin décerner la prestigieuse

Médaille du Courage à chacun des membres du centre équestre, qui ont tous su se montrer si vaillants et si valeureux hier au cours de notre périlleuse mission contre l'incendie de forêt.

Il épingle une médaille sur la veste de Sophie, une autre sur le blouson de Victor… avant d'en clouer une sur la paroi en bois de chaque stalle. Ensuite, il ajoute :

– J'ai également l'insigne honneur de tous vous nommer membres à part entière de la brigade !

Sophie et Victor éclatent de rire.

– Vous voulez dire que nous sommes désormais des pompiers volontaires ? lance la cavalière.

Le capitaine acquiesce.

– Exactement, Sophie. Vous, Victor… et tous vos merveilleux chevaux !

Dans son box, Zéphyr piaffe avec orgueil.

– Je suis un champion toutes catégories ! hennit-il.

– Zéphyr a déjà attrapé la grosse tête, remarque Percheron, taquin. Moi, j'ai déjà reçu une médaille dans ma jeunesse. Je ne m'en suis jamais vanté pour autant…

– Tu aurais pu en parler, proteste alors Lulu. J'avoue que cette récompense me fait vraiment très plaisir…

– Je me sens tellement émue, j'en ai les larmes aux yeux ! chuchote Féline.

Andalou s'ébroue.

– Moi, je me sens plutôt flatté, souffle-t-il. Cette récompense prouve que nous formons une super équipe !

– Une super équipe de vrais pompiers ! précise Moustique. Oh là là, quand j'y pense, c'est trop fantastique !

Les chevaux montrent alors leur bonheur en soufflant des naseaux, en s'ébrouant, en agitant la crinière et en tapant gaiement des pieds dans la paille. Mais soudain, Féline s'immobilise.

– J'angoisse, les amis ! bredouille-t-elle. Parce que, maintenant qu'on est pompiers, vous croyez qu'on sera obligés de participer à chaque intervention ?!

Moustique hennit de rire.

– Rassure-toi : on ne t'appellera qu'en cas de bébé animal à sauver grâce à ta technique inédite ! s'écrie-t-il, espiègle.

Et, déclenchant l'hilarité générale, il décroche sa

médaille d'un coup de dents afin de se pavaner avec à travers l'écurie !

Fin

As-tu lu les précédentes histoires ?

1. Un nouveau pensionnaire

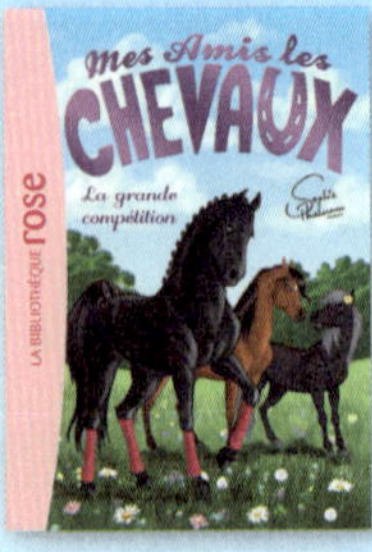

2. La grande compétition

3. Un choix difficile

4. Un rival inattendu

5. Une randonnée mouvementée

6. Une rencontre inoubliable

7. La surprise de l'hiver

8. Le loup solitaire

9. Sous le feu des projecteurs

10. Le concours de beauté

11. Peur sur l'écurie

12. Mystère au centre éques

oustique a mal aux dents !

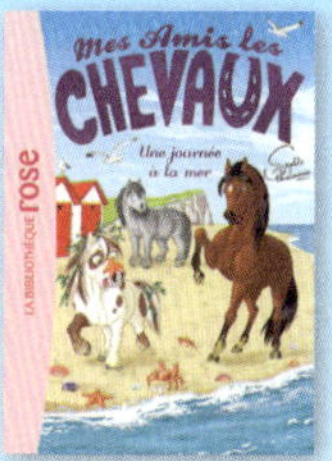

14. Une journée à la mer

15. Lulu a disparu !

16. Moustique est amoureux

17. Le saut d'obstacles

18. La mascotte du centre équestre

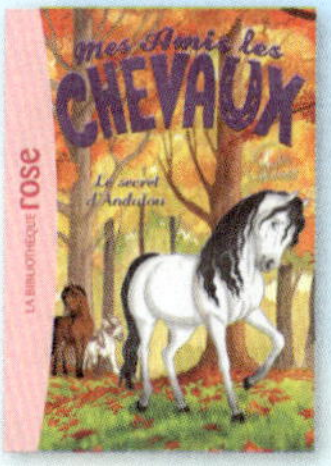

19. Le secret d'Andalou

20. Tous aux Pony Games !

21. La grande aventure d'Andalou

22. Lulu mène la danse

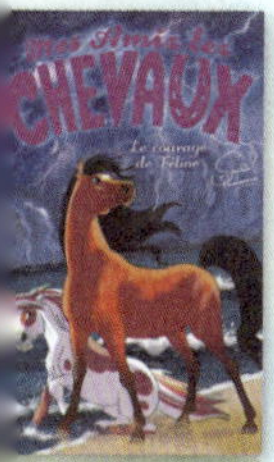

Le courage de Féline

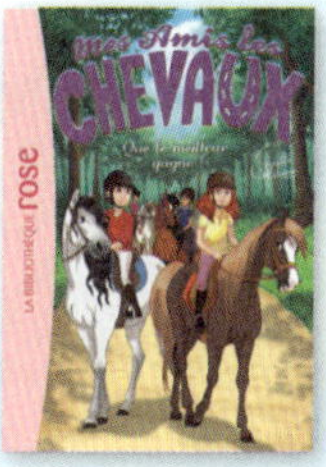

24. Que le meilleur gagne !

25. La tempête de neige

26. Un poney très coquet

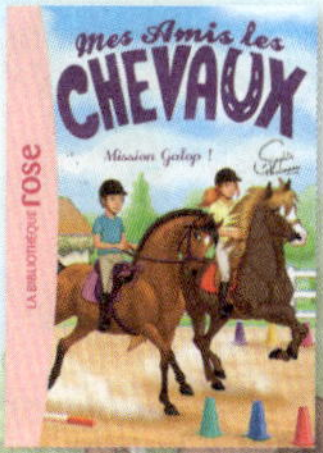

27. Mission Galop !

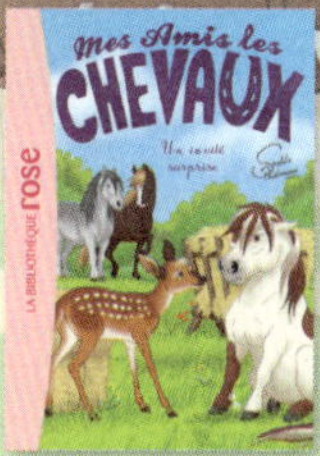

28. Un invité surprise

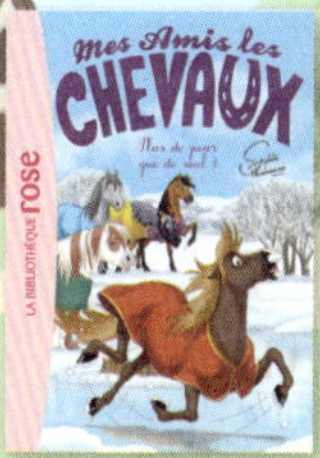

29. Plus de peur que de mal !

Table

Retrouve très prochainement
une nouvelle aventure
de tes chevaux préférés !

PAPIER À BASE DE
FIBRES CERTIFIÉES

hachette s'engage pour
l'environnement en réduisant
l'empreinte carbone de ses livres.
Celle de cet exemplaire est de :
350 g éq. CO_2
Rendez-vous sur
www.hachette-durable.fr

Photogravure Nord Compo - Villeneuve-d'Ascq

Imprimé en Roumanie par Rotolito Romania
Dépôt légal : avril 2020
Achevé d'imprimer : juillet 2021
34.7233.5/04 – ISBN 978-2-01-787306-8
Loi n° 49956 du 16 juillet 1949
sur les publications destinées à la jeunesse